SOCIÉTÉ D'AGRICULTURE, SCIENCES ET ARTS D'ANGERS.

Séance du 26 juin 1870.

QUELQUES MOTS

ENCORE

SUR M. VILLEMAIN

Il vous a parlé, grand'mère,
Il vous a parlé !

Vous connaissez tous, Messieurs, ce refrain d'une chanson de Béranger, une de celles qui peuvent ici et partout être citées sans inconvénient, — ici, malgré leur caractère politique, un peu dans le genre *Chauvin* ou *Prudhomme*, — partout parce qu'elles ne disent rien qui soit de nature à blesser les plus délicates oreilles. Donc, répétons-le, ce refrain, en le modifiant à notre usage :

Il nous a parlé, confrères,
Il nous a parlé !

Oui, et nous en conservons précieusement le souvenir, *il nous a parlé* plus d'une fois, cet homme qui, pendant un demi-siècle, a donné en France à la critique littéraire une impulsion jusqu'alors inconnue, qui de

ce genre d'études longtemps secondaire, quoique dignement représenté par les Batteux, les Laharpe et tant
d'autres, a fait un genre du premier ordre, qui, dans
sa chaire de la Sorbonne comme dans son fauteuil de
l'Institut, appelait avec une si ingénieuse habileté la
philosophie et l'histoire au secours de la littérature,
qu'on croyait entendre avec sa voix celle de ses deux
illustres collègues Guizot et Cousin.

Il nous a parlé, confrères,
Il nous a parlé !

Vous me pardonnerez, je l'espère, Messieurs, de
revenir encore un peu sur ce qui a été si bien dit de
M. Villemain par deux d'entre vous. Ce sont là des
titres de famille : y ajouter une feuille, si peu riche
qu'elle soit de nouveaux détails, c'est un pieux devoir
dont l'accomplissement porte, ce me semble, avec lui
sa raison et au besoin son excuse. D'ailleurs, ce que je
vais avoir l'honneur de vous raconter se rattache en
même temps au récit, fait par notre cher président, de
l'intervention de M. Villemain dans nos séances, et aux
visites de l'illustre académicien à la bibliothèque muni-
cipale d'Angers avec M. Lemarchand pour guide.

En rendant compte de la dernière apparition de
M. Villemain dans notre Société, M. Ad. Lachèse a
reproduit de la manière la plus saisissante l'espèce de
réveil de l'éloquent professeur, alors souffrant, quand,
au sortir de la séance, il se trouva en présence du docteur Dumont, qui venait de lui adresser une pièce de
vers grecs. Il y avait bien là en effet de quoi secouer
chez le vieil admirateur d'Homère une torpeur trop

expliquée par des douleurs physiques et morales. Sous le coup de cette commotion d'électricité classique, le traducteur de Pindare, l'ancien acteur grécisant du Philoctète de Sophocle fut plus que galvanisé ; nous fûmes témoins d'une sorte de résurrection. M. Lachèse ne s'est donc pas trompé dans la peinture qu'il a faite de cette scène vraiment curieuse ; mais il a oublié ou peut-être ignoré que ce ne fut pas là, comme il paraît le croire, la première entrevue de M. Villemain et de M. Dumont. Voici comment elle avait eu lieu quelques années auparavant ; ce souvenir n'est pas sans intérêt parce qu'il complète ceux de M. Lemarchand comme ceux de M. Lachèse, et surtout parce qu'il est une preuve, ajoutée à bien d'autres, de la prodigieuse mémoire de M. Villemain.

La première fois que le secrétaire perpétuel de l'Académie française vint à Angers, notre Société s'efforça de le recevoir aussi dignement qu'elle pourrait le faire. Alors eut lieu cette séance solennelle dont M. Lachèse a reproduit les brillants détails. Pendant qu'on en faisait les préparatifs, une commission, composée de notre regretté président d'alors, M. de Beauregard, de M. Godard-Faultrier et de celui qui a l'honneur de vous parler, fut chargée de faire connaître à l'hôte éminent que nous allions fêter quelques-unes au moins de nos richesses artistiques et archéologiques. En lui montrant le reste de mur gallo-romain qui se trouve au haut de la place Saint-Laud, nous lui dîmes : « Vous voyez, « Monsieur, que nous ne vous épargnons rien ; nous ne « vous *faisons pas grâce d'une laitue.* » Le mot le fit rire, et il serait difficile de rendre le mélange de malice

et pourtant de bonhomie avec lequel il répondit : « Eh
« mais, c'est très bon, les laitues ; je vous assure que
« je les aime beaucoup. » Etait-il vraiment bien séduit
de l'aspect de nos laitues ? Je ne l'affirmerais pas ; mais
lui, secrétaire perpétuel de l'Académie française, et
surtout membre de l'Académie des Inscriptions, il ne
pouvait pas ne pas paraître friand d'un tel régal.

Toutefois son admiration fut bien plus évidemment
sincère dans le musée Toussaint. Oh ! là, il n'y eut plus
de doute. Il poussa de véritable cris d'enthousiasme en
voyant ces restes de voûtes et surtout cette rosace si
heureusement conservée, à travers laquelle brillait
l'azur du ciel : *Sub dio*, répétait-il avec une sorte de
joie d'enfant, ou plutôt avec ce sentiment du beau si
profondément développé chez lui par l'étude de l'anti-
quité classique, *sub dio, sub dio !*

Il était encore sous le charme quand nous l'intro-
duisîmes dans le musée David. J'essaierais vainement
de redire, d'indiquer même, tout ce que lui inspira la
vue de cette magnifique collection. Comment en effet
reproduire cette appréciation si vive des beautés artistiques, mêlée à une foule d'anecdotes que lui rappelait
la vue des médaillons où revivent tant de célébrités
qu'il avait presque toutes personnellement connues ? Il
faut y renoncer. Je me bornerai seulement à vous dire
l'effet produit sur lui par deux figures, non contempo-
raines et dont une n'est pas œuvre de David.

En regardant la tête de Corneille conforme à celle de
la statue faite pour la ville de Rouen : « C'est beau,
« dit-il, c'est bien beau ; mais cependant est-ce exac-
« tement le Corneille que nous connaissons par ses

« portraits? Je ne sais si je me trompe ; mais je trouve
« qu'il manque peut-être quelque chose à la parfaite
« ressemblance ; qu'est-ce donc ? » — Ne serait-ce pas,
lui répondit-on, que cette admirable tête, qui n'est
certes pas celle d'un homme jeune, est peut-être pourtant un peu moins âgée que la tête traditionnelle du
poète ? — « C'est possible, reprit-il ; car il convient de
« représenter toujours Corneille très-âgé, conservant
« malgré les années cette expression de vigoureuse
« vieillesse qui était comme le symbole de son immor-
« talité. Il faut qu'au premier coup-d'œil sur un por-
« trait du *Corneille et du Cid et d'Horace*, on se rappelle
« aussitôt ces beaux vers que rugissait, pour ainsi dire,
« le lion à demi *vaincu du temps*, mais qui sentait tou-
« jours sa force :

> Tel Sophocle, à cent ans, charmait encore Athènes,
> Tel bouillonnait encor son vieux sang dans ses veines ! »

En disant cela, M. Villemain nous parut faire un
retour sur lui-même. Il était comme transformé par
un double élan d'admiration pour Corneille et d'intime
révolte contre les détracteurs qui prétendaient que, lui
aussi, il commençait à baisser. Il n'alla pas, il est vrai,
jusqu'à continuer ainsi la citation :

> Je faiblis, ou du moins ils se le persuadent ;
> Pour bien écrire encor j'ai trop longtemps écrit,
> Et les rides du front passent jusqu'à l'esprit :
> Mais contre cet abus que j'aurais de suffrages !
> . . . .

Il y suppléa en redisant une seconde fois, après un

*

moment de réflexion, mais avec une nouvelle énergie de sentiment et d'organe :

Tel Sophocle, à cent ans, charmait encore Athènes,
Tel bouillonnait encor son vieux sang dans ses veines !

Je n'oublierai jamais l'impression que produisirent sur nous ces deux vers retentissant deux fois, deux fois roulant sous les voûtes du musée comme un grondement de tonnerre. Je n'oublierai pas non plus l'attitude et la physionomie de quelques braves gens, évidemment illétrés, amenés là par le hasard, et dont la stupeur admirative me donna l'idée de celle qui se manifeste, dit-on, dans les représentations gratuites quand les principaux acteurs de nos grands théâtres jouent devant le peuple les chefs-d'œuvre de notre littérature dramatique. Pour nous, Messieurs, nous ne pûmes que conduire silencieusement, avec respect, l'éloquent interprète de Corneille dans une salle voisine où nous attendait un autre et non moins curieux rapprochement.

M. Villemain parcourut rapidement la double galerie où, pour l'instruction de nos jeunes artistes et pour la satisfaction du public, sont rassemblées, avec quelques œuvres originales, les reproductions des principales œuvres de la sculpture ancienne et moderne. Il ne put s'empêcher, lui aussi (*tu quoque*), de donner un coup d'œil admiratif au magnifique buste de Canova représentant celui qui n'était encore que le Bonaparte précurseur de Napoléon. Puis tout à coup, comme fixé malgré lui devant un cippe portant un très-petit buste en marbre, il s'approcha de cette figurine de manière à permettre à sa vue affaiblie de n'en pas perdre le moindre détail. Quel était donc cet objet si capable de préoccuper un tel juge? C'était le buste de Voltaire, réduit par Houdon lui-même à de minimes proportions d'après la statue, œuvre de cet artiste, que tout le monde a vue dans le vestibule du Théâtre Français. D'un mouvement pour ainsi dire instinctif, nous trois, qui suivions M. Villemain plutôt que nous ne le conduisions, nous arrêtâmes, et un signe mutuellement échangé nous transmit notre commune pensée. A la malicieuse vivacité du regard, à la singulière expression des rides qui plissaient le front, surtout au narquois rictus des lèvres, nous étions tentés de nous demander si c'était le marbre ou son contemplateur qui était Voltaire.

Cette illusion, simultanément éprouvée de nous trois, fut accompagnée pour moi d'une autre qu'éveillèrent les souvenirs de ma jeunesse. En quelques instants, je venais de retrouver M. Villemain sous les deux formes les plus profondément empreintes dans la mémoire de tous ceux qui comme moi l'avaient entendu à la faculté des lettres de Paris. Deux de nos plus grands écrivains (je dirais les deux plus grands, si je n'étais accoutumé à confondre leurs noms avec ceux de Corneille, Racine, Molière et Lafontaine), avaient au Plessis et à la Sorbonne le privilége d'échauffer spécialement la verve de M. Villemain et de faire de lui tour à tour le plus éloquent et le plus spirituel interprète de leurs immortels chefs-d'œuvre : ces deux inspirateurs admirables d'un si admirable commentateur étaient Bossuet et Pascal. Toujours exerçant sur son auditoire une entraînante séduction, il ne le transportait jamais plus, jamais autant que quand il appréciait l'un ou l'autre de ces deux géants de notre littérature. Avec Bossuet, il nous faisait frissonner sous la main de Dieu foudroyant la vanité des grandeurs humaines : avec Pascal, il les écrasait encore en les disséquant, pour ainsi dire ; ou bien (et c'était là le triomphe de sa malice !) changeant tout à coup de figure et de ton, il faisait succéder le plus plaisant, le plus mordant des satiriques au plus grave, au plus morose des penseurs. Eh bien ! Messieurs, tout cela, par un de ces bienfaits que la mémoire accorde aux vieillards en compensation de ce que les années leur enlève, tout cela venait de se renouveler pour moi. Deux vers de Corneille, dits comme personne autre que M. Villemain ne pouvait les dire, m'avaient fait entendre encore une fois le cri de Bossuet : *Madame se meurt, Madame est morte,* l'irrésistible commandement du temps poussant l'homme vers la tombe, *marche, marche,* et tant d'autres traits du même genre ; — puis, le sarcastique regard de notre hôte se confondant avec celui du buste qu'il admirait, je croyais entendre vibrer, comme le sifflement d'une flèche aiguë, *mes pères, mes révérends pères.* Car, j'ose l'affirmer, quiconque n'a pas *vu* (j'appuie à dessein sur ce mot) vu et entendu M. Villemain lancer *mes révérends pères,* ne comprend pas entièrement tout ce qu'il y avait de poignante malice dans ces mots tombant de la plume de Pascal. Et toutefois, Messieurs, ne vous inquiétez pas de ces réminiscences de ma jeunesse ; ne craignez pas que je vienne mêler à nos paisibles études les irritations d'une autre époque et peut-être un peu de la nôtre. Non ; si je cite les *Provinciales,* c'est seulement comme œuvre d'art. Je n'oublie pas que la Société d'agriculture, sciences et arts d'Angers n'est ni janséniste, ni moliniste : il lui suffit d'être agricole à ses heures, scientifique parfois, artistique souvent, mais *surtout littéraire*, comme voulait bien l'appeler M. Villemain, peut-être encore avec une petite pointe de malice, car il y en avait toujours un peu dans tout ce qu'il disait.

Vous devez trouver, Messieurs, que je vous conduis par une route bien longue au but que j'ai annoncé. J'espère, il est vrai, que vous ne m'en saurez pas trop mauvais gré puisque je vous promène en compagnie de M. Villemain ; hâtons-nous pourtant avec lui d'arriver.

Quelques jours après sa visite du musée, je le revis. Il venait de recevoir une lettre qui le flattait beaucoup et ne l'intriguait pas moins. C'était une lettre grecque, anonyme, semblait-il, mais qui ne l'était qu'en apparence ; je vous expliquerai cela tout à l'heure. L'auteur avait vu, à la bibliothèque communale, M. Villemain tel que naguère M. Lemarchand l'a si heureusement peint, parcourant la salle, visitant chaque rayon, s'arrêtant devant certains livres, caractérisant les auteurs et leurs ouvrages par des jugements, effusions rapides et sûres de son érudition et de son goût, fidèlement recueillies par des oreilles charmées. Dans un langage qui exhalait le parfum de la politesse attique, l'helléniste angevin disait à l'helléniste du palais Mazarin combien notre ville avait lieu d'être fière de sa visite, combien surtout les anciens auditeurs du Plessis et de la Sorbonne étaient heureux de le retrouver dans notre bibliothèque au milieu de ces auteurs anciens et modernes dont il leur avait autrefois développé les beautés. M. Villemain me fit l'honneur non mérité de me dire qu'il me soupçonnait de lui avoir adressé cette lettre. Je m'empressai de le détromper. « Eh bien! reprit-il gracieusement :

« Si ce n'est toi, c'est donc ton frère ;

« vous connaissez certainement tous les hellénistes « d'Angers, veuillez m'aider à trouver parmi eux mon « aimable correspondant. »

Naturellement ma pensée se porta sur les membres de l'Université. Elle s'arrêta tout d'abord sur celui qui était alors professeur de seconde dans notre lycée, M. Dubourg, dont on peut dire, comme d'un personnage fameux avec lequel d'ailleurs il n'a heureusement que cela de commun : *il sait du grec autant qu'homme de France.* Je lui communiquai la lettre mystérieuse; il y eut à peine jeté un coup d'œil que dans la première ligne il me fit remarquer le mot ὀρεστης par lequel l'écrivain s'était désigné. Or, ni M. Villemain ni moi n'avions saisi le sens de ce mot. De la part de M. Villemain, l'erreur s'expliquait puisqu'il s'agissait d'une espèce de calembour cachant un nom propre, inconnu de lui. J'étais moins excusable de ne l'avoir pas compris. Quant à M. Dubourg, il vit tout de suite que ce mot, qui, d'après l'étymologie, signifie littéralement *homme de la montagne*, était le nom grécisé de M. Dumont, professeur à l'école de médecine. Nous allâmes trouver le docteur, qui s'avoua l'auteur de l'épître, et nous le

conduisîmes chez M. Villemain. Ce fut la première
entrevue de notre ami et de l'illustre académicien. Elle
amena entre eux une suite d'agréables relations qui
plus tard inspirèrent à M. Dumont la pièce de vers
grecs dont M. Lachèse vous a rappelé l'effet. M. Villemain remercia vivement M. Dumont de sa lettre, puis
elle lui servit de point de départ pour nous raconter
ce qui suit. « Au moment où je venais de terminer mes
« études, nous dit-il, je fus mis en relations avec le
« célèbre Laënnec, plus âgé que moi d'environ dix ans.
« On sait que sa première éducation avait été fort
« négligée et qu'il eut le courage de la refaire lui-
« même. Quand il sentit le besoin pour son instruction
« médicale de remonter aux sources de la science, il
« étudia le grec avec ardeur. Ce fut alors que je le
« connus. Nous lûmes ensemble tout ce qui reste d'Hip-
« pocrate et de Galien. Voici comment nous procédions.
« Je lisais à haute voix l'auteur grec, Laënnec suivait
« sur un autre exemplaire du texte, en jetant les yeux
« sur une traduction latine, mais en se servant surtout
« de moi comme dictionnaire et comme traduction. Je
« pris un grand goût à notre exercice, et ces auteurs,
« dont je n'ai jamais relu depuis les ouvrages, firent
« sur moi une telle impression qu'elle ne s'est jamais
« effacée. » Et là-dessus il se mit à nous analyser
quelques longs passages de Galien. Il le fit avec tant de
précision et de clarté que M. Dubourg et moi, étrangers
à ces matières, comprenions comme si elles nous eussent
été familières, et que le docteur Dumont, qui, lui, les
connaissait bien d'après les textes mêmes, nous dit en
sortant qu'il était émerveillé de cette puissance de mé-

moire, capable, à cinquante ans d'intervalle, de reproduire pareils détails comme si l'ancien collaborateur de
Laënnec avait encore Galien sous les yeux.

Tel fut ce jour-là, M. Villemain, causeur charmant,
tour à tour plein de grâce et de savoir; tel fut-il aussi
chaque fois que dans les séances de notre Société il
voulut bien prendre la parole. Quand vint le jour où,
malade et morose, comme l'a dit M. Lachèse, il crut
devoir se borner au rôle de redoutable auditeur, ce fut
pour nous plus qu'une privation momentanée; son
silence était un triste pronostic, annonçant que nous ne
le verrions plus : le présage ne s'est que trop réalisé,
la mort l'a rendu accompli pour jamais. Une consolation
du moins nous a été réservée. La Société d'agriculture,
sciences et arts d'Angers, a eu depuis quelques années
le privilége, dont n'a joui aucune autre académie de
province, d'entendre dans ses réunions trois membres
éminents de l'Institut. L'un d'eux a disparu sans retour,
et de lui tout se résume maintenant pour nous dans
ces mots d'orgueil, de reconnaissance et de regret,
il nous a parlé. Mais Dieu merci, les deux autres restent
à la France et à nous. La bienveillance dont ils nous
ont honorés jusqu'à ce jour nous permet d'en espérer
la continuation, et d'eux encore nous pouvons dire,
croyons-le :

> Ils nous parleront, confrères,
> Ils nous parleront!

J. SORIN.

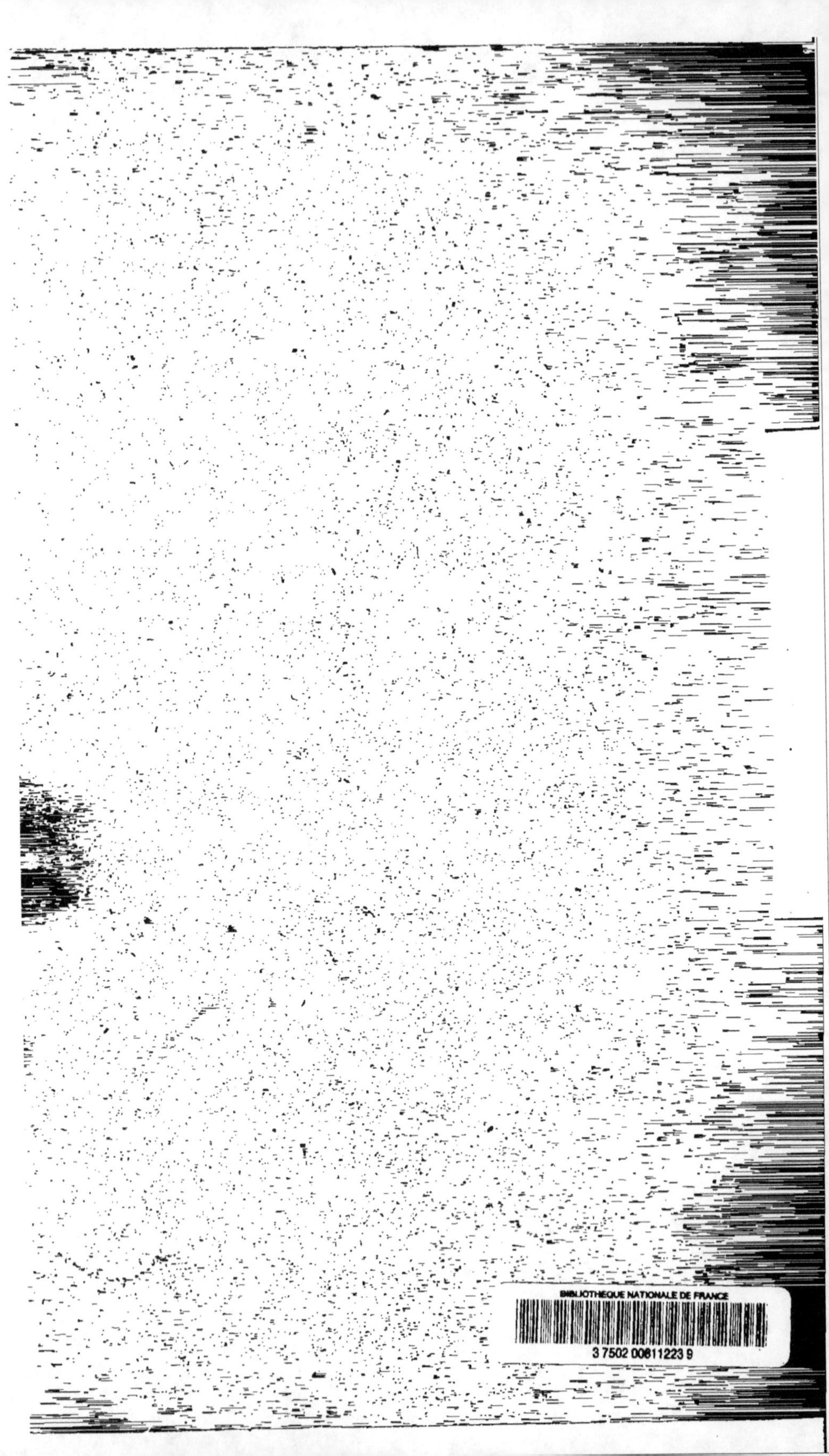